SUR LA PROLONGATION

DE

LA RUE MADAME,

PRÉSENTÉ

A M. le Préfet de la Seine.

MÉMOIRE

SUR LA PROLONGATION

DE

LA RUE MADAME,

PRÉSENTÉ

A M. le Préfet de la Seine.

PARIS. — IMPRIMERIE DE BOURGOGNE ET MARTINET
RUE JACOB, 30.

A

M. LE CONSEILLER D'ÉTAT, PAIR DE FRANCE,

COMTE DE RAMBUTEAU,

PRÉFET DU DÉPARTEMENT DE LA SEINE *.

Monsieur le Préfet,

Les soussignés, propriétaires sur le X⁰ et sur le XI⁰ arrondissement, ont l'honneur de vous soumettre leurs réclamations fondées sur les faits suivants, pour l'examen desquels ils réclament votre bienveillante attention.

FAITS GÉNÉRAUX.

Depuis un certain nombre d'années, de graves économistes se sont fortement préoccupés des conséquences, funestes sous plus d'un rapport,

* Les notes ne font point partie du Mémoire présenté à M. le Préfet.

que doit amener, dans un temps peu éloigné, le déplacement progressif et incessant de la population parisienne, qu'on voit abandonner la rive gauche de la Seine pour se porter au loin sur l'autre rive. Du reste cette tendance n'est pas nouvelle, elle commençait déjà à se manifester longtemps avant la première révolution, et sous l'Empire, qui bâtissait peu, elle n'avait point échappé à l'attention puissante du chef de l'État, qui se proposait de l'atténuer par la dotation, en faveur de la rive gauche, d'un certain nombre de ces grands établissements qui appellent énergiquement la population : ce fut l'objet de plusieurs décrets impériaux, et notamment de celui du 21 mars 1812.

Tout le monde connaît les causes qui ont éloigné ces améliorations si désirables, dont quelques unes cependant, telles que le palais des Beaux-Arts et la Halle-au-Vin, se sont réalisées.

Mais, toutefois, depuis la Restauration, les établissements d'une haute importance commerciale, tels que la Bourse, et ceux qui toujours attirent le public opulent, tels que les théâtres de premier ordre, que la Ville a prodigués et promet encore à la rive droite, tandis que la rive gauche s'en trouve complétement destituée, ont naturellement porté l'industrie et la spéculation vers le côté de la capitale qui offre tant d'avantages, et déterminé ce déplacement de la population qui tend à réduire avant peu la rive gauche à la condition de simple faubourg de la grande cité; car, il faut bien le remarquer, la population de ce côté du fleuve n'est guère que *le tiers* de celle qui habite sur l'autre côté.

Les faits sont notoires : la diminution progressive et relative de la population, l'abaissement graduel des produits de la propriété, montrent chaque jour que la rive gauche n'a plus rien de commun avec sa rivale que le partage des charges publiques, qui, par l'infériorité des avantages qu'elle en retire, sont pour elle exorbitantes.

Cependant Paris circonscrit maintenant par une enceinte immuable, et pouvant sous peu d'années être décrété *ville de guerre*, impose de nouvelles conditions dans la répartition de la population, et prescrit à l'administration départementale d'y pourvoir d'urgence.

Elle-même, il faut le dire, s'était effrayée depuis quelques années des conséquences trop évidentes de sa négligence à cet égard ; car le conseil général de la Seine, durant sa session de 1839, crut devoir appeler énergiquement l'attention du Ministre de l'Intérieur sur la recherche des moyens les plus propres à combattre incessamment les résultats désastreux que laissent craindre les faits que nous vous signalons.

Comme conséquence du vœu émis par le conseil général, une commission fut formée, composée de messieurs les maires et adjoints des trois arrondissements municipaux de la rive gauche, de leurs députés, de huit membres du conseil général et de plusieurs des notables habitants de chacun de ces arrondissements. Cette commission s'étant assemblée plusieurs fois, consigna le résultat de ses conférences dans un Mémoire dont la rédaction, confiée à M. de Chabrol-Chaméane, fut soumise aux méditations de la commission spéciale créée près le ministère de l'Intérieur.

FAITS PARTICULIERS.

Parmi les moyens divers proposés dans le savant Mémoire dont nous venons de parler pour arrêter le déplacement de la population, et tâcher même de la rappeler sur la rive gauche, se présente au premier rang l'ouverture de plusieurs grandes lignes parallèles et surtout perpendiculaires à la Seine, et notamment celle qui, partant de la barrière d'Enfer, viendrait joindre le quai par la rue des Petits-Augustins, et pourrait plus tard, au moyen d'un pont, se prolonger jusqu'à la place du Palais-Royal à travers un des guichets du Louvre, et de là atteindre facilement les boulevards par la rue Richelieu ; ligne qui, comme on le voit, ouvrirait une puissante artère vitale du centre actif à une certaine portion languissante de la circonférence, qui pourtant renferme en soi toutes les conditions d'espace, de salubrité et de facile accès propres à en fonder la prospérité, si on lui vient en aide.

C'est la discussion du parcours de cette ligne qui fera, Monsieur le Préfet, l'objet particulier du Mémoire que nous avons l'honneur de vous adresser aujourd'hui.

QUESTION SPÉCIALE.

L'administration municipale semble avoir accepté le fait en ce qui concerne la ligne dont nous venons de vous parler, et manifesté son choix sur la direction que cette ligne doit suivre. Mais au lieu de la faire passer par la rue Madame, comme le propose l'excellent Mémoire présenté à la commission du ministère, elle paraît avoir maintenant l'intention de lui faire parcourir, à partir de sa naissance dans la rue de Vaugirard, 1° la rue du Pot-de-Fer, élargie pour cet objet aux dépens du séminaire Saint-Sulpice (1); 2° longer un côté de la place Saint-Sulpice (2); 3° percer le vaste îlot compris entre la rue du Vieux-Colombier et la rue du Four; 4° celui compris entre la rue du Four et la rue Sainte-Marguerite; 5° enfin percer l'îlot compris entre cette dernière et la rue Childebert. Travaux immenses, comme on le voit, exigeant l'acquisition de propriétés très importantes, et qui, de l'aveu même de l'administration, ne peuvent être évalués à moins de *douze cent mille francs* (3),

---

(1) L'élargissement de la rue du Pot-de-Fer n'établira aucun avantage commercial pour cette rue; ce ne sera qu'un mur très élevé régnant dans toute l'étendue de la rue, qui changera de place sans offrir aucun moyen à la bâtisse ni à l'industrie, et conséquemment une dépense qui pourrait être employée plus utilement pour le quartier.

(2) Si cette ligne acquérait une grande activité, son parcours devant l'entrée même de la nouvelle mairie du XI° arrondissement, qui doit réunir la justice de paix, la caisse d'épargne, le poste de garde nationale, sans compter les attributions municipales qui attirent souvent un grand concours de monde, ce parcours, disons-nous, pourrait donner lieu à de fréquents accidents.

(3) Sans savoir de quelle manière l'administration municipale doit exécuter ce percement, puisque c'est un secret qu'elle ne laisse point pénétrer, l'évaluation la plus modérée du grand nombre de propriétés qu'il lui faudrait acquérir pour l'effectuer jusqu'à la place Saint-Germain-des-Prés, propriétés dont quelques unes sont d'une très grande valeur; en outre, les travaux de pavage, dallage, éclairage, conduites d'eau, etc., qui seraient également à la charge de la Ville, convaincront toute personne qui a l'habitude de ces travaux, que la somme de 1,200,000 fr. serait tout-à-fait insuffisante. Plusieurs personnes du métier qui ont fait cette appréciation, et qui n'ont point intérêt à voir les faits autrement qu'ils ne sont, pensent que *seize cent mille francs* y suffiraient à peine.

Un autre inconvénient de ce percement, c'est que la circulation ne pourra avoir lieu

mais qui certainement dépasseraient cette somme, et ne pourraient être achevés qu'en un assez grand nombre d'années.

La ligne dont nous venons vous entretenir remplit non seulement le même but, mais le fait avec une supériorité incontestable sous tous les rapports, comme nous espérons le démontrer sans réplique par la comparaison des deux lignes.

Cette comparaison portera sur tous les points essentiels de la question, c'est-à-dire que nous l'examinerons,

1° Sous le rapport d'*utilité publique*; 2° sous celui de *salubrité locale*; 3° comme *objet d'art et d'embellissement*; 4° enfin sous la considération des *plus prompts et des plus économiques moyens d'exécution*.

1° CONSIDÉRATIONS D'UTILITÉ PUBLIQUE.

Envisagées au point de vue d'utilité publique, les lignes de parcours qui établissent le moins de coudes sont incontestablement préférables; car c'est presque toujours aux intersections et au tournant des rues que la circulation se trouve ralentie, les accidents de toute nature plus fréquents et plus graves.

Sous ce rapport déjà, la ligne passant par la rue Madame possède un

---

sur cette ligne que lorsque tous les travaux seront à peu près terminés, ce qui, à cause des difficultés imprévues qui se rencontrent toujours en pareille circonstance, peut exiger plusieurs années. Tandis qu'une fois un côté de la rue du Gindre élargi, et l'ancien *couvent de la Miséricorde* traversé, propriété qui doit *gratuitement* le passage, comme on le verra plus loin, la ligne de prolongation de la rue Madame peut être immédiatement livrée à la circulation, non pas encore pour les grosses voitures sans doute, mais pour les cabriolets et les fiacres : et ces travaux peuvent être exécutés dans l'espace d'une année.

L'administration municipale, qui exécute les travaux publics avec une lenteur devenue proverbiale, tient sans doute fort peu de compte du plus ou moins de temps qu'ils peuvent exiger; mais les propriétaires et commerçants qui chaque jour voient diminuer leurs revenus sans voir diminuer les impôts de toute espèce dont ils sont grevés, ont bien le droit de désirer que l'administration municipale (qui apparemment doit gouverner dans l'intérêt du plus grand nombre de ses administrés) donne la préférence aux travaux les moins coûteux et qui demandent le moins de temps.

immense avantage sur l'autre; car à partir de sa naissance dans la rue de l'Ouest, cette même rue Madame, prolongée par la rue du Gindre, par le percement de l'*îlot unique* compris entre la rue du Vieux-Colombier et la rue du Four, par la rue de l'Égout, la rue Saint-Benoît et la rue des Petits-Augustins, ne rencontre aucun coude sensible qu'à la traversée de la rue Jacob; encore ce coude, de 25 *mètres* à peine, peut-il être en quelque sorte changé en une simple déviation de l'axe par un pan coupé pris aux dépens du bâtiment sans importance qui fait angle avec les rues Saint-Benoît et Jacob, bâtiment qui, acquérant par là une plus grande façade, augmenterait beaucoup de valeur (*voir* le Plan).

Tandis que l'autre ligne vient se briser à angle droit sur le mur du Luxembourg dans l'étroit de la rue de Vaugirard, et donne lieu, pour rejoindre la rue Madame, à un angle dont le côté n'a pas moins de 80^m,60.

2° CONSIDÉRATIONS DE SALUBRITÉ LOCALE.

Les lignes non interrompues par des coudes de quelque importance ont l'immense avantage d'être facilement balayées par les vents, qui en chassent cette humidité croupissante si funeste à la santé publique. L'adoption de la ligne de parcours que nous avons l'honneur de vous proposer, ferait bientôt disparaître ce que l'on peut justement reprocher, sous ce rapport, aux rues du Gindre et de l'Égout; et ce ne serait pas un des moindres avantages que le quartier devrait à cette ligne (4).

3° CONSIDÉRATIONS D'ART ET D'EMBELLISSEMENT.

Comme question d'art, la ligne que nous venons vous proposer

---

(4) Tout porte à croire également que si la rue de l'Égout faisait partie d'une ligne de grande communication, les voies adjacentes, telles que la Petite rue Taranne et la cour du Dragon, sentiraient la nécessité, dans leur intérêt, de suivre le mouvement d'amélioration sous le double rapport de la spéculation et de l'assainissement.

tendrait manifestement à convertir, dans un court laps de temps, en rues larges et bien bâties les rues du Gindre et de l'Égout, qui font une disparate choquante avec les autres rues du quartier, et, dans leur état actuel, sont sans utilité pour la circulation des voitures, tandis que leur élargissement les rendrait de précieux débouchés pour plusieurs rues trop encombrées, telles que la rue du Vieux-Colombier et la rue du Four.

Il y a plus encore, l'élargissement de la rue de l'Égout amènerait sous peu l'agrandissement du carrefour Taranne, lequel pourrait devenir une des belles places du X⁰ arrondissement, qui n'en possède pas de centrale, et le point de croisement facile d'une très grande circulation.

Une des plus graves objections que le département ait cru devoir opposer à l'adoption de la ligne que nous avons l'honneur de vous proposer, est celle qui a pour objet la pente de la rue de l'Égout, *beaucoup plus considérable*, disait-on, que celle de la rue du Pot-de-Fer. Mais vérification faite, il se trouve que la pente de cette dernière rue est de 0^m,335 par mètre, tandis que la pente de la rue de l'Égout, depuis sa naissance dans la rue Sainte-Marguerite jusqu'à son embouchure dans la rue du Four, n'est que de 0^m,269 par mètre, c'est-à-dire moindre d'*un cinquième* que celle de la rue du Pot-de-Fer.

Ainsi ce motif d'exclusion si puissant, mis en avant par l'administration municipale, tombe devant les faits, et prouve en même temps que les renseignements qui lui parviennent ne sont pas toujours exacts.

4° MOYENS D'EXÉCUTION.

L'exécution de cette ligne n'offre ni grandes dépenses ni difficultés sérieuses. Et d'abord, le côté des numéros impairs de la rue du Gindre s'élargira, du moins en grande partie, par la seule force des choses (et cela avant deux ou trois années), lorsqu'il faudra faire place à la mairie du XI⁰ arrondissement, pour son installation sur la place Saint-Sulpice dans l'hôtel Charcau, dont les dépendances s'étendent jusqu'à la rue du Gindre.

Au sortir de cette rue, et presque en face, se rencontre l'ancien couvent de la Miséricorde, vendu le 8 thermidor an IV à M. Rœttiers comme propriété nationale, et sous la réserve expresse de livrer *sans indemnité* le terrain nécessaire pour l'élargissement de la rue du Vieux-Colombier, et *de même sans indemnité* celui qui serait demandé par la Ville pour le percement d'une nouvelle rue (5).

Le titre précieux qui constate cette double servitude, égaré longtemps dans les cartons de l'administration, s'est retrouvé dernièrement comme par miracle, pour plaider en faveur de la ligne dont nous avons l'honneur de vous entretenir. Ce titre a d'autant plus d'importance, qu'en l'examinant bien, on trouverait peut-être que *le passage entier* est dû à travers cette ancienne propriété, puisqu'elle s'étendait originairement jusqu'à la rue du Four.

Mais en tout cas, les hommes de l'art qui ont dressé le plan joint à ce Mémoire (6), n'évaluent pas à plus de *cinq cent cinquante*

---

(5) *Extrait du procès-verbal du domaine national du 8 thermidor an IV.* — *Vente au sieur Rœttiers.*

Une maison sise à Paris, rue du Vieux-Colombier, n° 450, moyennant le prix de 154,000 livres.

A la charge entre autres conditions :

1° De laisser jouir le locataire actuel de ladite maison pendant le temps qu'il en a le droit, d'après le bail qui lui a été passé, si mieux n'aime l'évincer en se conformant aux lois existantes sur cette matière ; de laisser audit locataire la faculté d'enlever les objets lui appartenant, en, par lui, justifiant de la propriété desdits objets ; de *fournir le terrain nécessaire pour le percement d'une nouvelle rue, et pour l'élargissement de celle du Colombier, et ce sans avoir à prétendre d'indemnité de la République venderesse.*

D'autres servitudes sont imposées par le contrat, mais elles n'ont d'autre objet que de régler des droits de jour sur des propriétés voisines.

(6) La commission a su tout récemment que dans la dernière réunion du conseil général, on a mis en délibération la question de savoir si l'on ferait étudier concurremment le projet de la ligne passant par la rue du Pot-de-Fer et celui de la ligne passant par la rue Madame ; que l'étude de cette dernière ligne n'a été rejetée qu'à la majorité d'*une seule voix* ; ce qui ne fût sans doute pas arrivé si les membres du conseil général qui appartiennent à la rive gauche eussent été informés à l'avance de l'objet de la délibération du jour ; car ils n'eussent point manqué de se rendre à la séance, ainsi que deux d'entre eux l'ont déclaré.

Au surplus, la commission, sans se laisser intimider par cet échec, a trouvé dans

mille francs la dépense qu'entraîneraient l'élargissement du côté gauche de la rue du Gindre et le percement du surplus de l'ancien couvent de la Miséricorde, si, contre toute apparence, le terrain n'est pas dû en totalité à la Ville, et sont en mesure de désigner des entrepreneurs prêts à accepter ces travaux pour la somme ci-dessus.

Resterait donc en surplus, à la charge de la Ville, l'élargissement de l'entrée de la rue de l'Égout par la rue du Four et le redressement de sa pente. Quant à l'élargissement de la partie rigoureusement nécessaire pour le moment, ce travail serait d'autant moins onéreux à la Ville, que ce côté (celui des numéros impairs) ne consiste qu'en maisons de peu de valeur, et que leurs propriétaires auraient trop grand intérêt à l'élargissement de cette rue pour ne pas s'empresser d'y contribuer immédiatement; car, en substituant des façades de belle apparence à celles qui existent, le commerce y acquerrait plus d'importance et les maisons plus de valeur (7).

Cet élargissement effectué, la Ville aurait donc acquis pour une somme de *six cent mille francs* à peine une ligne d'une vaste étendue, qui mettrait immédiatement en communication directe le boulevard du Midi et la barrière d'Enfer avec les quais, en attendant qu'un pont la

son sein des membres zélés qui ont exécuté à leurs frais, si ce n'est d'une manière complète, au moins d'une manière suffisante pour former sa conviction, l'étude de cette ligne de la rue Madame que, par une *partialité* qu'on ne peut s'expliquer, le conseil général a cru devoir refuser.

Et nous croyons être en droit de nous servir du mot de *partialité*, car M. Desmonts, maire du XI° arrondissement, ayant demandé à être appelé lorsque, dans le conseil, on discuterait les deux lignes, comme étant en position de fournir d'utiles renseignements à ce sujet, et la chose lui ayant été promise, fut fort surpris, lorsqu'au bout d'un certain temps il voulut savoir où en était l'affaire, d'apprendre qu'elle était faite. S'il n'avait point été convoqué, c'était, lui dit-on, l'effet d'un pur oubli !!!

(7) La commission a droit de penser que les propriétaires des maisons de la rue de l'Égout susceptibles de retranchement, connaîtraient assez leurs intérêts pour comprendre qu'une fois cette rue appelée à la grande circulation, les maisons y doubleraient bientôt de produit, et par conséquent de valeur; et que dans un moment où tant de capitaux ne savent quelle direction prendre, il se trouverait bien quelque compagnie disposée à faire aux propriétaires qui n'en auraient pas le moyen les avances nécessaires pour effectuer les constructions qu'entraînerait le retranchement.

prolonge jusqu'aux boulevards des Italiens et Montmartre, et constitue ainsi une communication facile avec les quartiers les plus riches de Paris, pour recevoir le trop plein de leur population (8).

Et cette dotation, d'une haute importance pour la rive gauche, n'empêcherait pas la Ville, si telle est son intention, d'établir à peu de frais une communication immédiate entre la place Saint-Sulpice et la place Saint-Germain-des-Prés par la *rue des Canettes prolongée*, comme l'indique le *Plan ci-joint*, et sans dépasser pour ces deux opérations la

---

(8) Il ne faut pas se dissimuler que sans la construction d'un pont qui mette en relation directe les deux rives de la Seine, la ligne demandée n'atteindra pas complétement le but important que l'administration doit surtout se proposer, celui de rappeler la population sur la rive gauche. Si la ville pouvait obtenir le passage à travers l'ancien guichet de la rue Fromenteau, un pont construit à peu près en face la rue des Petits-Augustins acquerrait bien une autre importance pour la circulation que le pont du *Carrousel*, impropre, dit-on, au passage des grosses voitures, et qui, d'ailleurs, ne se trouve pas dans la direction qu'elles sont portées à suivre, attendu que par sa position médiale il ne dessert aucun point important. Ensuite, le peu de largeur du guichet qu'on rencontre en quittant ce pont augmente encore son insuffisance sous ce rapport.

Il est une autre considération qui semble s'opposer à ce que les grosses voitures suivent la direction qu'ouvre ce pont, lors même qu'il serait mis en état de les recevoir, c'est que cette ligne traversant dans son entier le Carrousel, entraverait d'une manière fort désagréable la circulation des corps de troupe et des voitures qui se rendent journellement au château; et cette circulation serait même forcément interrompue plusieurs fois par an pour les revues et les cérémonies publiques.

Mais un pont construit en prolongation de la rue des Petits-Augustins ne présenterait pas les mêmes inconvénients, et mettrait en communication immédiate le quartier du Palais-Royal avec les Xe et XIe arrondissements. Et n'est-il pas à présumer que les personnes que leurs affaires appellent journellement dans le quartier du Palais-Royal, consentiraient enfin à se fixer sur la rive gauche, lorsqu'elles y rencontreraient une communication aussi facile avec la rive droite. Elles y seraient sans doute d'autant plus portées qu'elles trouveraient sur la rive gauche à se loger à bien meilleur marché que sur l'autre rive.

Quelques personnes pensent que l'administration municipale n'est pas disposée à accorder la dépense que nécessiterait la construction d'un nouveau pont. Cela peut être; mais il est possible aussi qu'à l'administration actuelle succède une administration mieux disposée en faveur de la rive gauche, et qui comprenne enfin qu'un pont serait le moyen le plus efficace pour y rappeler la population. Les économies qu'elle obtiendrait par l'ajournement de travaux moins importants lui fourniraient sans doute les moyens de payer les dépenses du pont que nous lui signalons ne fût-ce que pour prendre date.

somme qu'elle serait forcée de consacrer à l'établissement de la ligne unique qui passerait par la rue du Pot-de-Fer (9).

QUESTION SUBSIDIAIRE.

Nous avons cru devoir mettre cette question en quelque sorte en dehors des autres, parce qu'elle n'intéresse qu'un certain nombre d'intérêts privés. Mais toutefois, elle importe moralement à l'administration départementale, qui doit toujours, qui doit en toute occasion justifier la confiance qu'elle réclame, et dont elle a besoin pour l'accomplissement de ses devoirs.

Et en effet, c'est sur la foi des promesses du département touchant le prolongement de la rue Madame, que plusieurs propriétaires et entrepreneurs ont engagé leur fortune dans des constructions importantes qui font déjà de cette rue une des plus belles et des plus saines de la capitale.

(9) Des personnes qui se croient bien informées disent qu'une des considérations qui ont déterminé la majorité du conseil général en faveur de la ligne passant par la rue du Pot-de-Fer, c'est qu'elle établirait une communication directe entre les places Saint-Sulpice et Saint Germain-des-Prés, avantage très important, suivant lui, sous le rapport stratégique.

On comprend que la commission n'a point à s'expliquer sur un sujet aussi délicat. Mais en admettant même la nécessité d'une voie stratégique entre les deux places en question, elle croit qu'on peut l'opérer mieux et à moins de frais par la rue des *Canettes prolongée* comme l'indique le Plan, que par la ligne de la rue du Pot-de-Fer; car il faut remarquer que les deux îlots compris entre la rue du Four et la rue Childebert sont à peine aussi étendus que le seul îlot compris entre la place Saint-Sulpice et la rue du Four. Si l'on admet un *chiffre forcé de sept cent mille francs* pour la ligne de la rue Madame, il restera encore *neuf cent mille francs* (d'après l'évaluation dont il est parlé dans la note 3) disponibles pour effectuer la prolongation de la rue des Canettes (cette somme doit suffire d'après les évaluations mêmes de l'administration), et l'on aurait ainsi deux lignes pour une, avantage hors de toute contestation.

Il y a mieux encore, c'est que la *rue des Canettes prolongée* établirait une communication par le centre des deux places, avantage stratégique que ne présente pas la ligne de la rue du Pot-de-Fer, qui passe à une extrémité de la place Saint-Sulpice. Ensuite, la rue des Canettes prolongée aurait cet autre avantage d'établir, par la rue Férou, une communication directe entre la place Saint-Germain-des-Prés et la nouvelle grille du Luxembourg ouverte rue de Vaugirard.

Des sacrifices pécuniaires leur ont même été imposés comme condition de ce prolongement (10). Tromper maintenant leur espoir à cet égard, serait les exposer à de grandes pertes et donner pour longtemps de justes défiances aux entrepreneurs disposés à faire de nouvelles constructions, que la Ville doit pourtant encourager de tout son pouvoir ; car la conséquence en est toujours un embellissement partiel de la grande cité, et une augmentation considérable des produits qui entrent dans la caisse municipale.

RÉSUMÉ.

Ainsi donc, Monsieur le Préfet, les considérations qui militent en faveur de la ligne passant par la rue Madame sont, comme vous venez de le voir, d'une haute importance :

1° Economie de près des *deux tiers* dans l'exécution, si le passage tout entier est dû au travers de l'ancien *couvent de la Miséricorde;* mais au moins économie de *près de moitié* dans le cas le moins favorable sur le chiffre même posé par l'administration municipale pour l'exécution de l'autre ligne ;

2° Elargissement et assainissement de plusieurs rues qui le réclament impérieusement, et ne peuvent l'espérer que de la ligne que nous avons l'honneur de vous proposer ;

3° Avantages des pentes et des angles ;

4° Exécution facile et immédiate, ce qu'est bien loin d'offrir l'autre ligne ;

5° Enfin, réalisation des promesses faites aux propriétaires de la rue Madame, envers lesquels l'administration actuelle doit, pour le bon exemple, se considérer comme solidaire de ses prédécesseurs.

Les faits sont positifs, les chiffres sont réels, puisque des entrepreneurs

---

(10) Toutes les personnes qui, primitivement, ont acquis des terrains limitrophes à la rue Madame, ont été soumises à la servitude de céder le terrain nécessaire pour constituer cette rue, dont la prolongation leur a été promise dès l'origine comme conséquence de cette servitude.

sont prêts à les accepter. Tout doit donc faire espérer aux soussignés que vous daignerez prendre leur réclamation en très sérieuse considération.

C'est dans cet espoir qu'ils ont l'honneur de se dire, Monsieur le Préfet, vos très respectueux administrés.

Les commissaires pour la prolongation de la rue Madame,

Arachequesne, Georges, Gondoin, Masson, Mayet.
Scott de Martinville, *rapporteur.*

Ont adhéré aux conclusions du présent Mémoire les personnes dont les noms suivent.

(Suivent les signatures.)

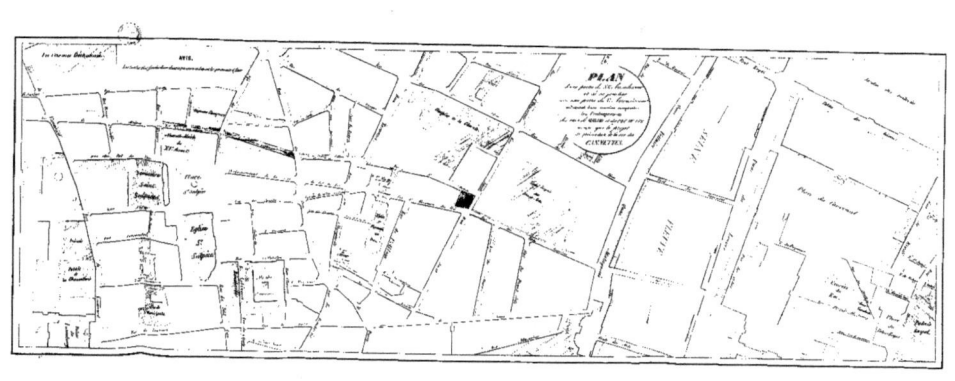

www.ingramcontent.com/pod-product-compliance
Lightning Source LLC
Chambersburg PA
CBHW071432060426
42450CB00009BA/2135